Das Zahnweh sitzt in seinem Bau –
ein Teufel - winzig, zäh und schlau,

studiert Rezepte, die empfehlen,
die Zähne gruselig zu quälen.

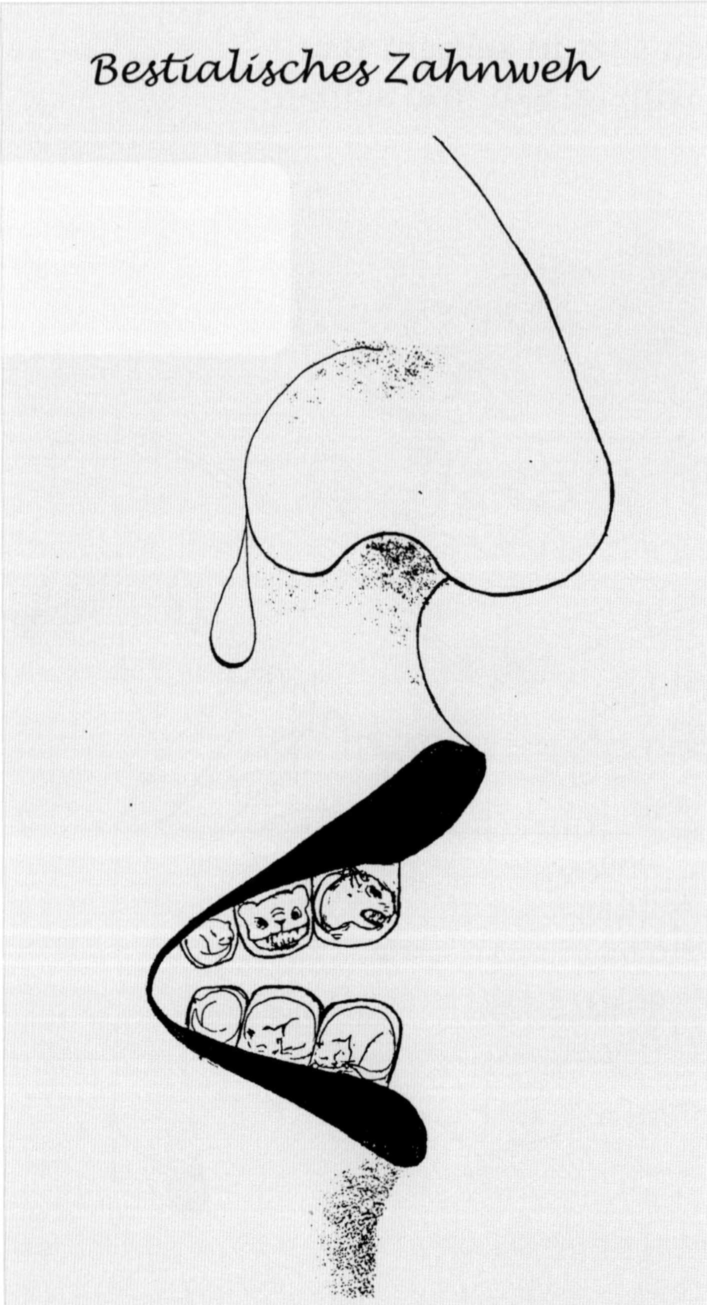

Das Zahnweh jagt dich, armes Wild!
Im Hirn-Elend entsteht dies Bild.

Zahnkrebs

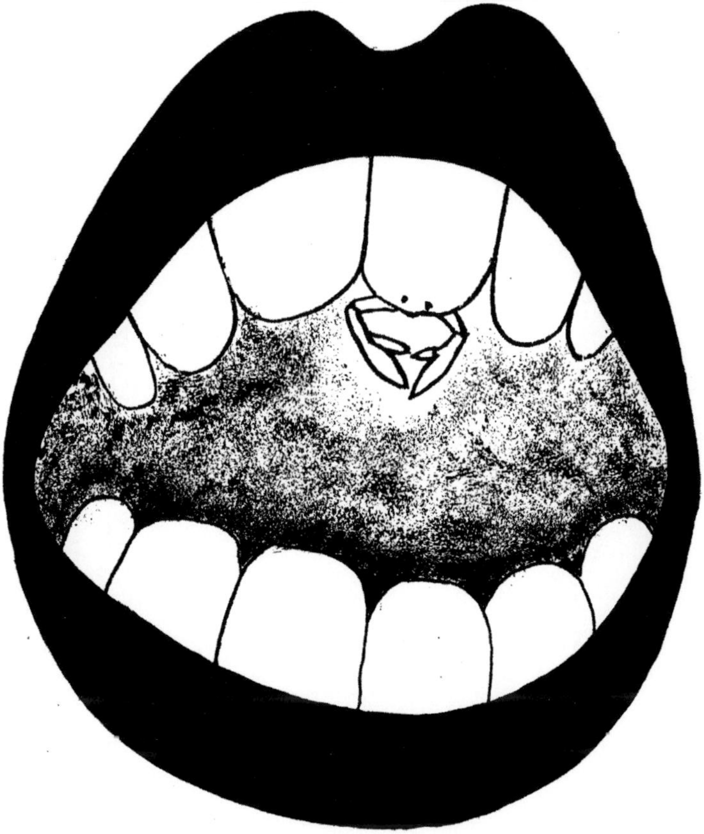

Und außer Tigern, Löwen, Bären
zerfetzen dich brutale Scheren

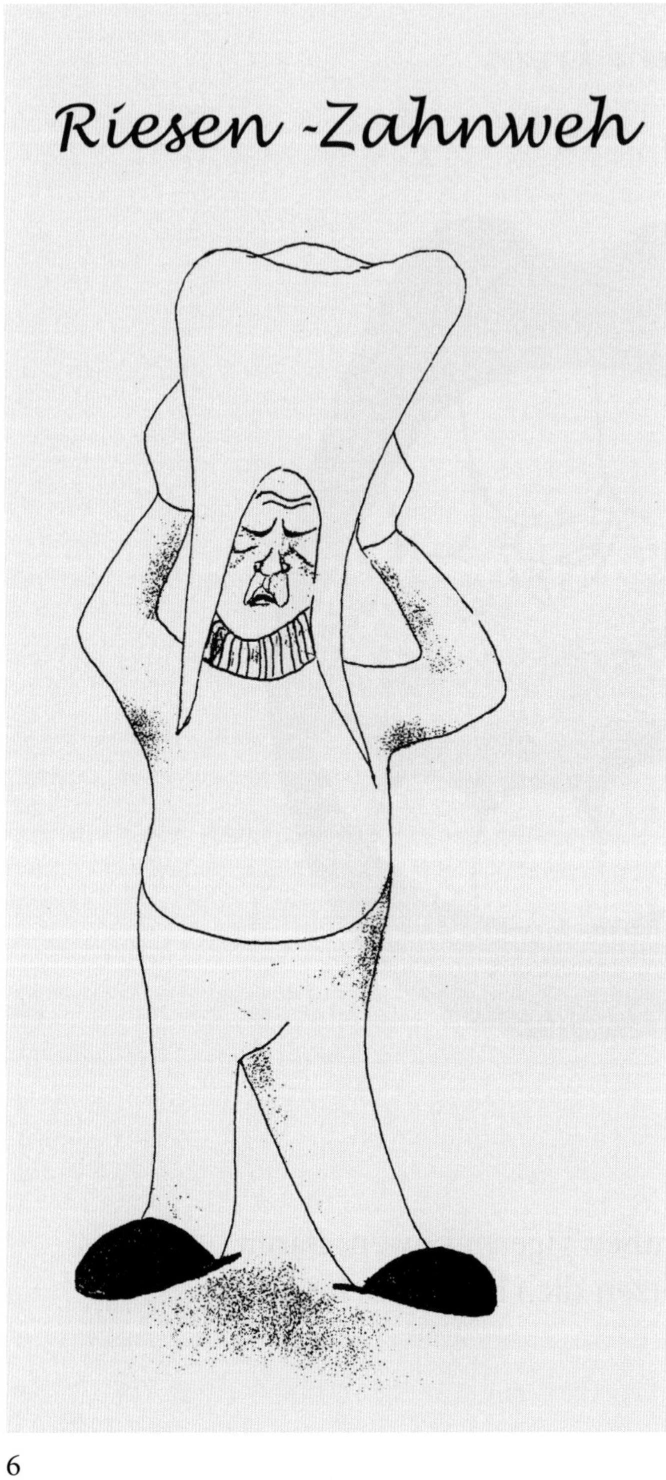

Ein Gast schraubt sich auf deinen Kopf,
zerquetscht dich wie ein Dampfkochtopf

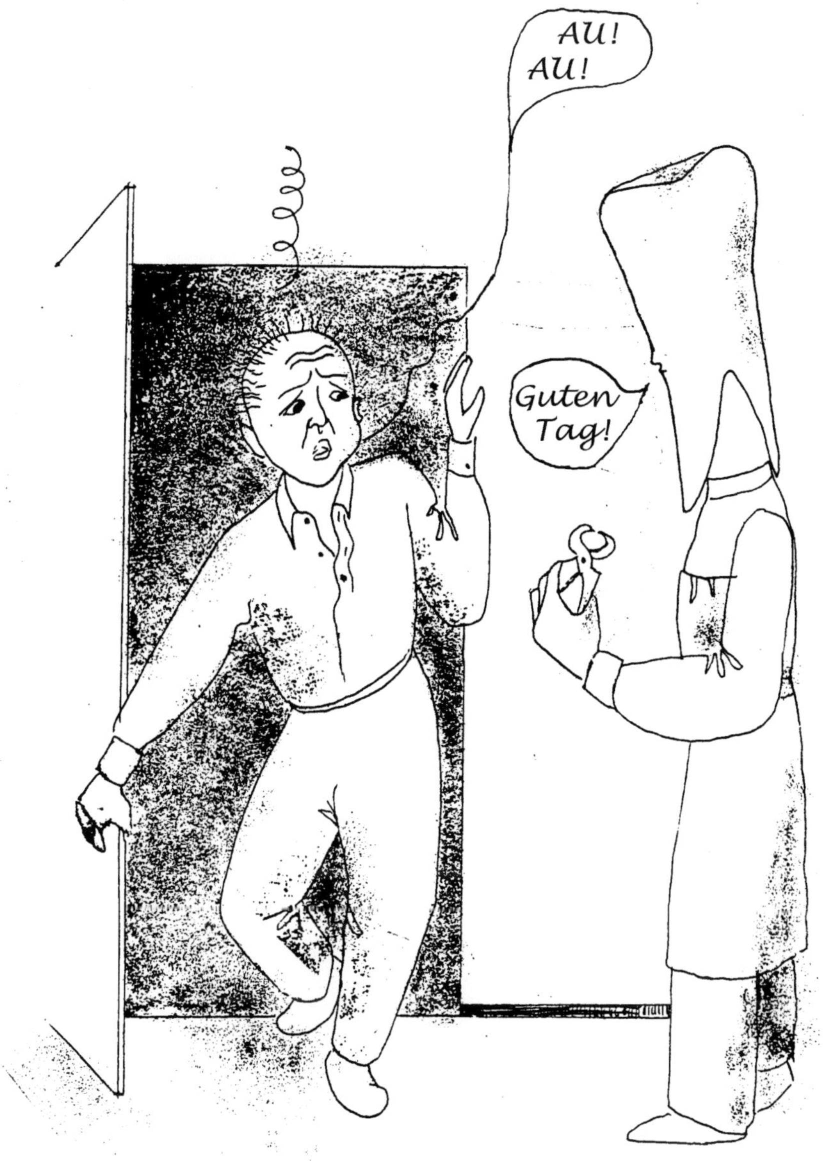

Ist es ein Traum oder schon Wahn:
Sogar dein Zahnarzt ist ein Zahn.
Er öffnet dir und wirkt human.

In der Klemme

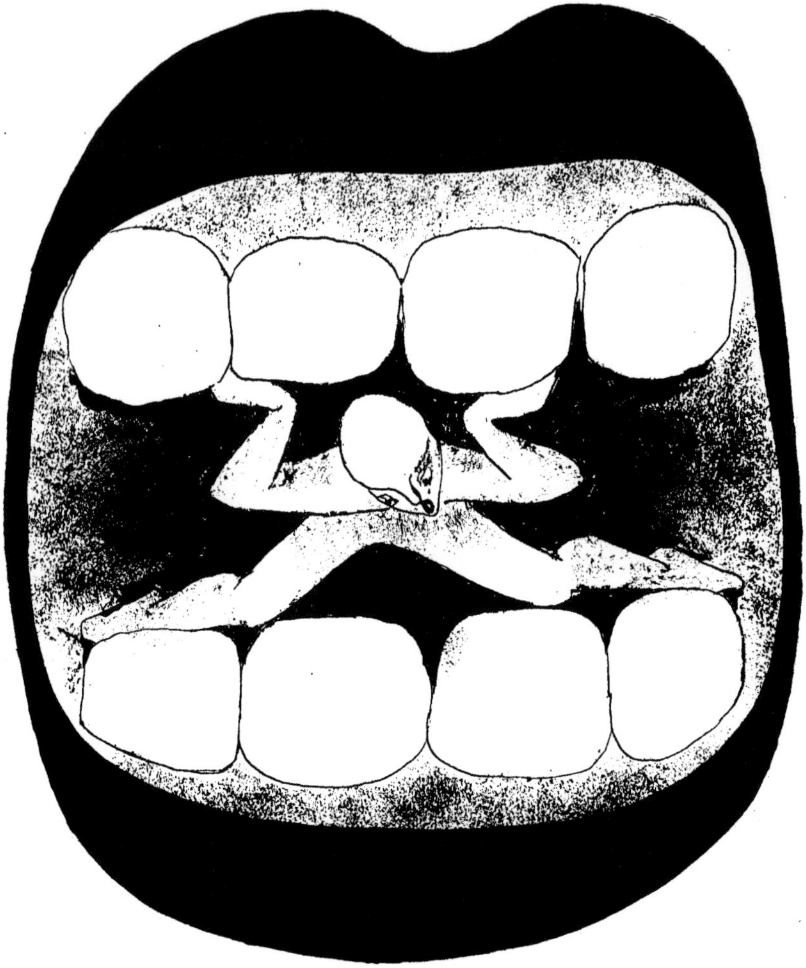

Dein Denken wird hinweggeschwemmt,
kennt nur noch ein Wort: „Eingeklemmt“.

Und wenn der Schmerz nicht auszuhalten,
dann kommen spitze Spukgestalten

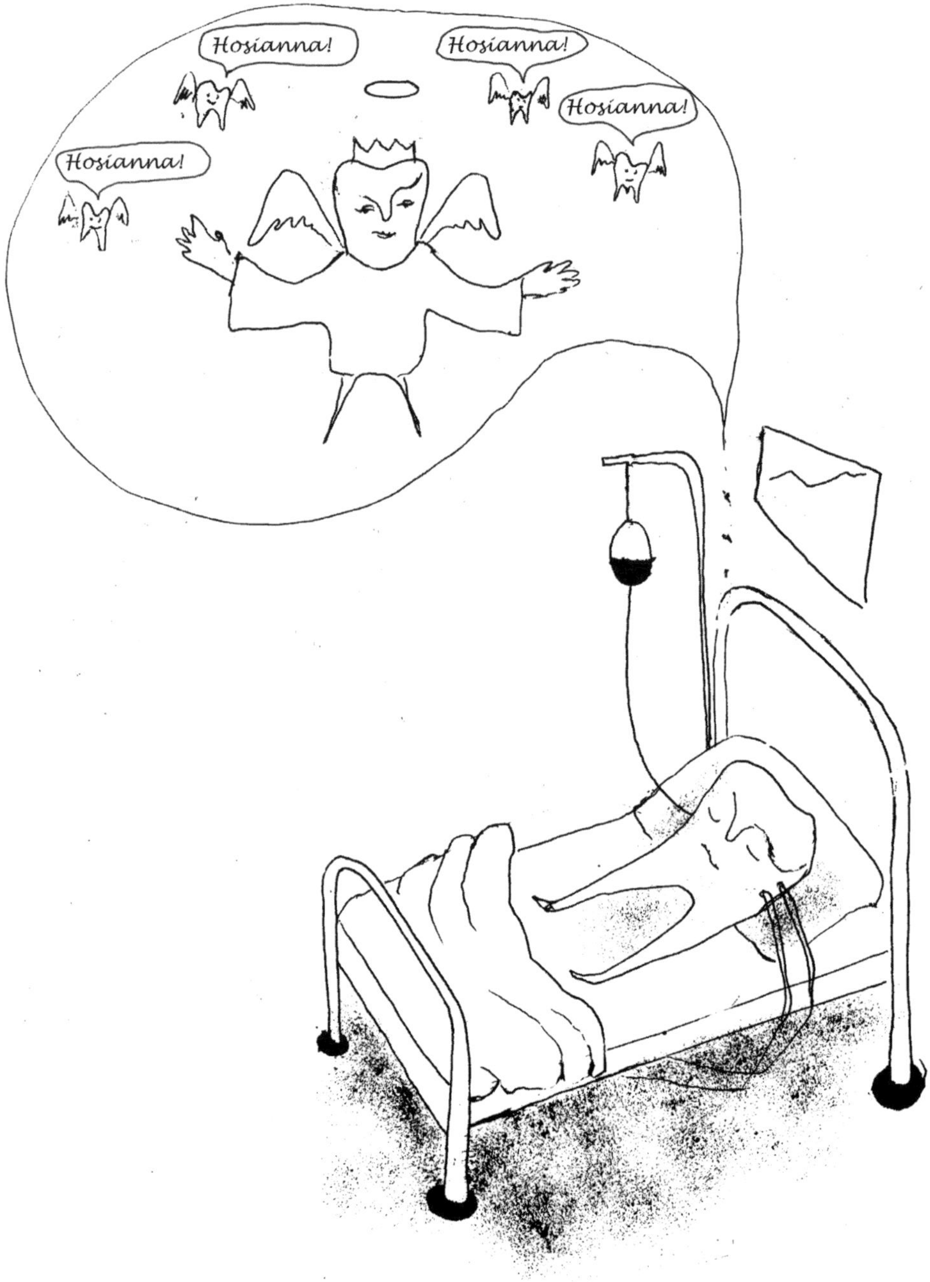

Geht's einem Zahn so richtig mies,
dann träumt er sich ins Paradies.

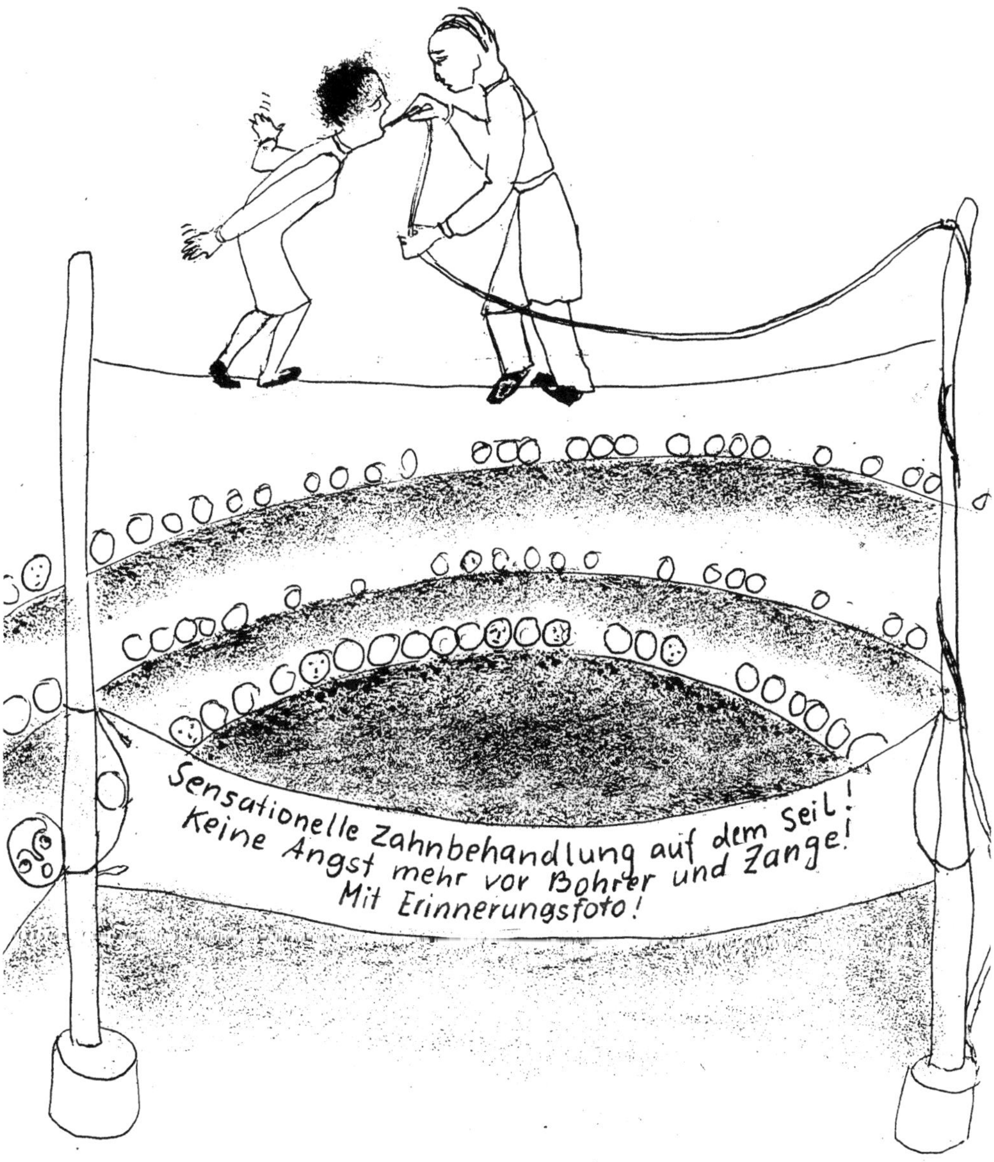

Die Angst vor Absturz wird erträglich,
wenn die Bohrer-Angst unsäglich.

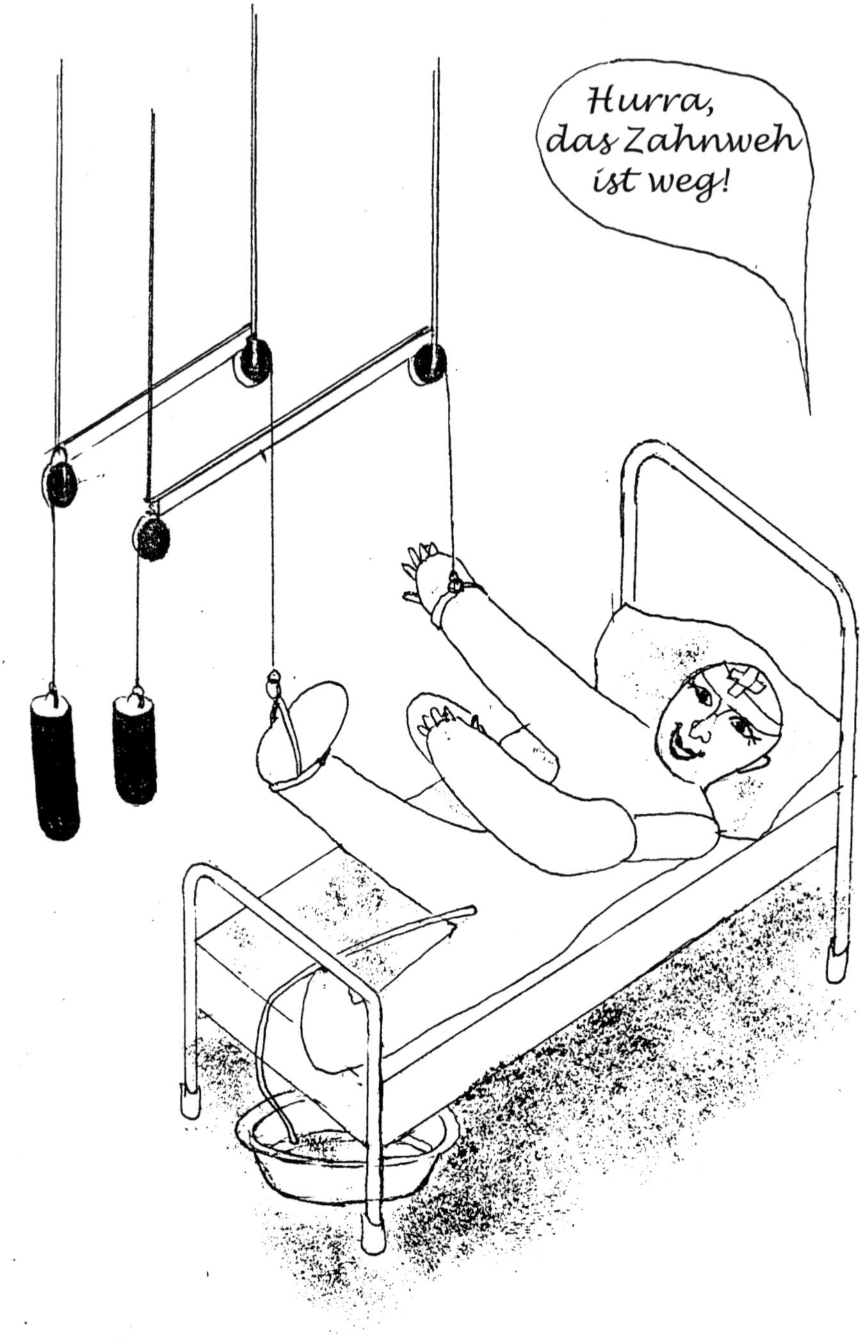
Hurra, das Zahnweh ist weg!

Fix wie der Blitz -
von Peking bis Britz
hat sich seither herumgesprochen:
Ein Zahn heilt schneller als ein Knochen.

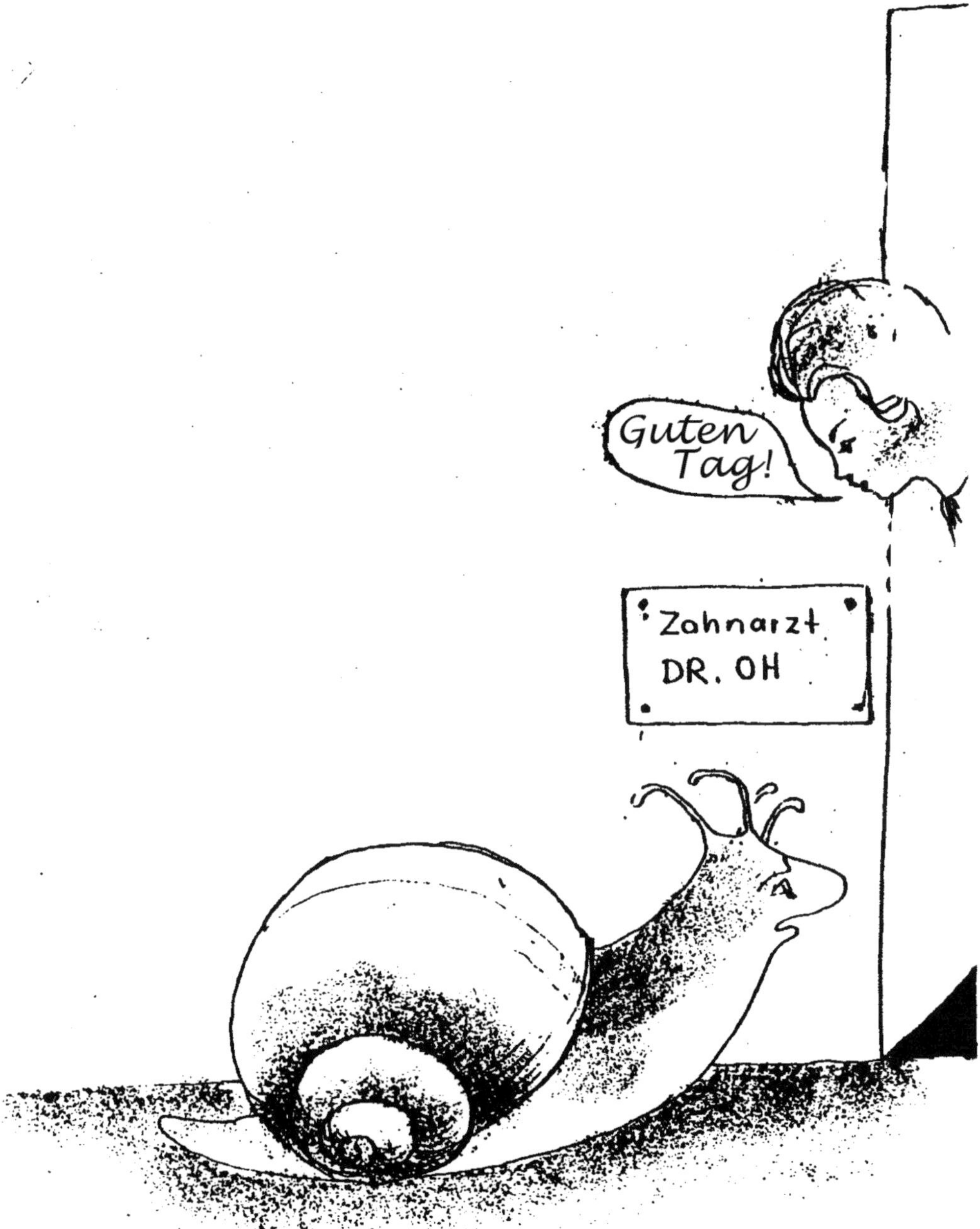
Guten Tag!
Zahnarzt DR. OH

Wenn eine Schnecke Zahnweh hat,
macht sie der kleinste Bissen satt;
Sie will nichts schmecken, riechen,
nur noch zum Zahnarzt kriechen.

„Solang der Schmerz noch in dir steckt,
bist du auuh-sicher nicht verreckt“,
so tröstet sich die Schnecke
und kommt fast rasch vom Flecke
auf der 12-Meter-Strecke
mitten im Großstadt-Drecke.

Wo tuts denn weh?

Bald steht der Arzt sehr unbequem
vor einem Angst-Reflex-Problem
im Schnecken-typischen System:
„Da ist wohl wer,
den ich nicht seh?
Ich bitte sehr,
wo tuts denn weh?“

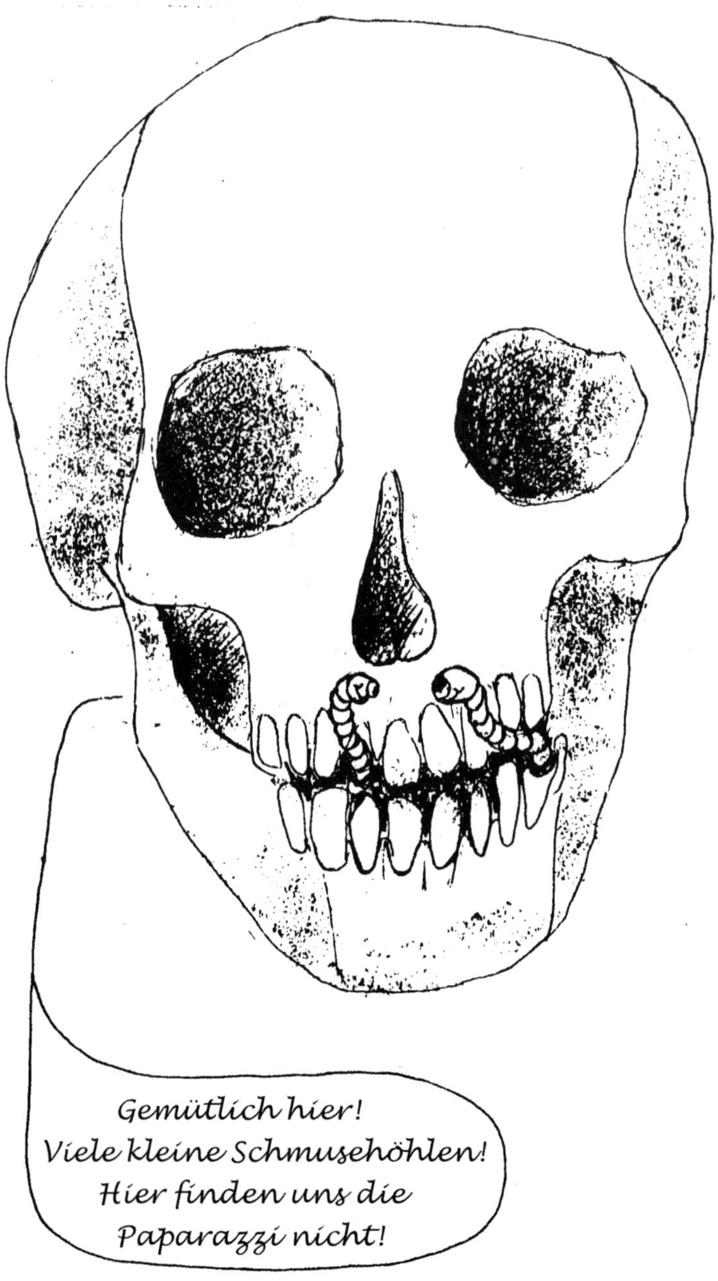
Gemütlich hier!
Viele kleine Schmusehöhlen!
Hier finden uns die
Paparazzi nicht!

Im Grabe modern Heinrichs Knochen.
Ein Wurmpaar kommt des Wegs gekrochen,
es hat den Schmaus beglückt gerochen
und feiert hier die Flitterwochen.

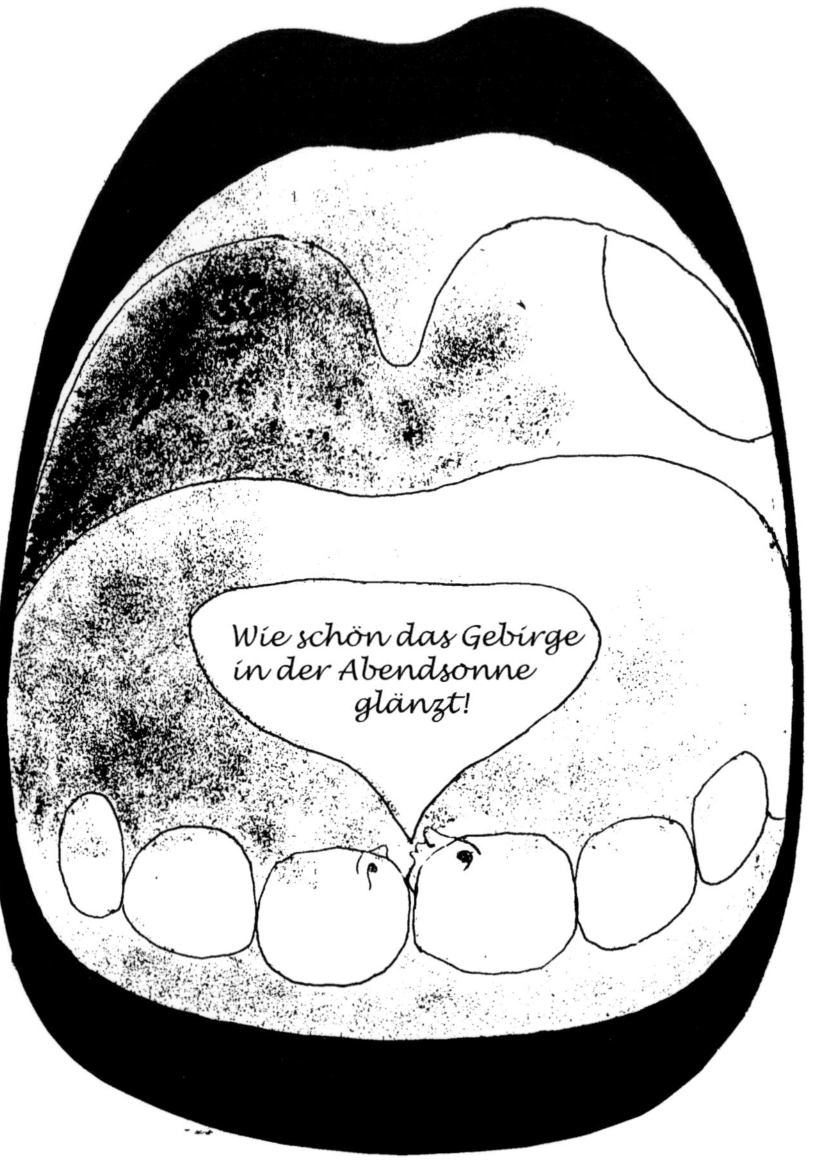
Wie schön das Gebirge in der Abendsonne glänzt!

Jeder weiß: Man ist arm dran,
wenn man sich nicht bewegen kann.
Hier schafft ein Zahn im Menschenrachen
genial, das Beste draus zu machen
und die Entzündungen durch Viren
als Alpenglühn zu definieren.

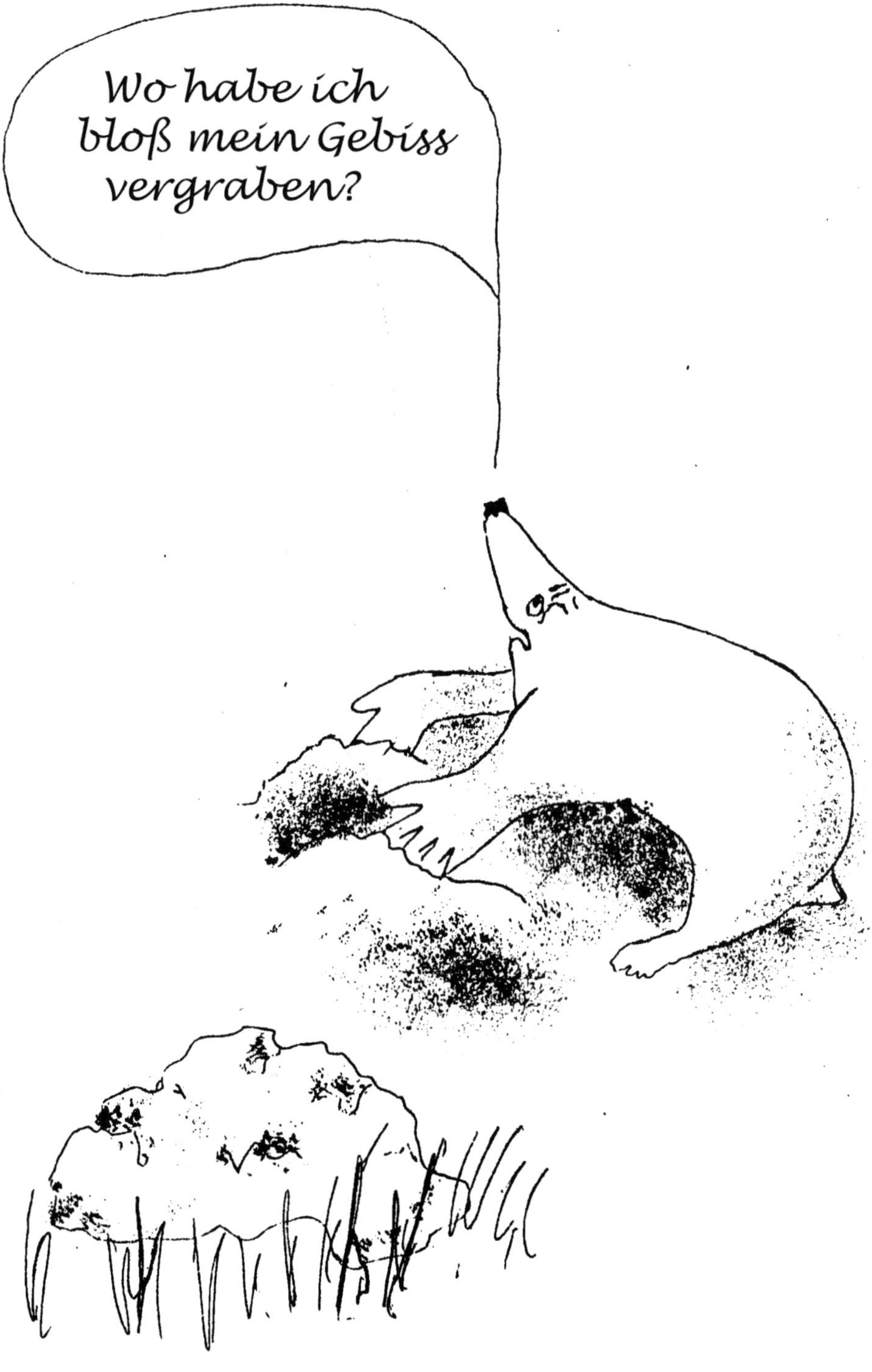
Wo habe ich bloß mein Gebiss vergraben?

Der Maulwurf sucht nicht Gold, nicht Erz –
verreist jedoch nur bodenwärts.
Wenn sein Gebiss im Dunkel lungert,
ist zu befürchten, er verhungert.

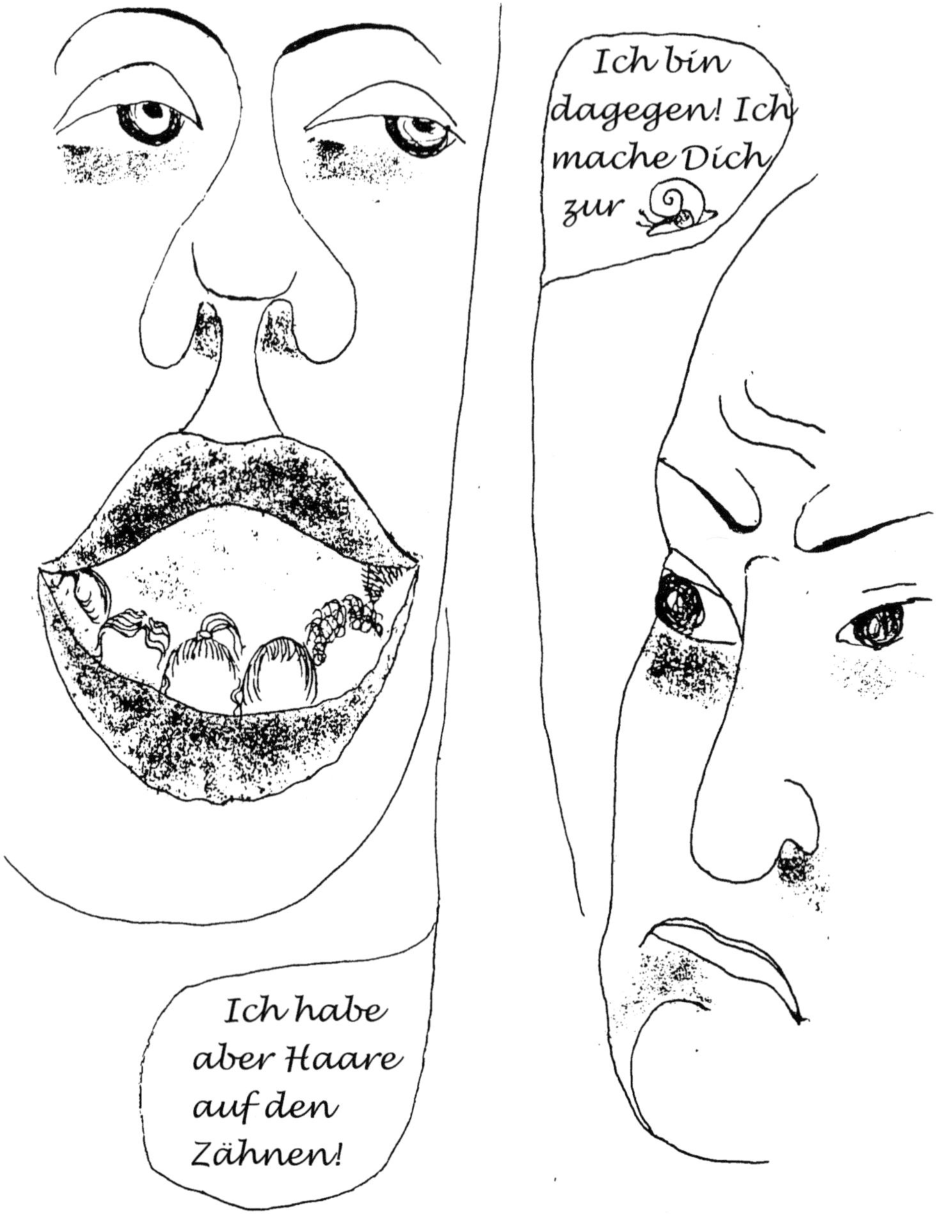
Ich bin dagegen! Ich mache Dich zur
Ich habe aber Haare auf den Zähnen!

Man braucht Haare auf den Zähnen
bei Menschen mit verruchten Plänen -
kehrt so ihren Wort-Unrat
fort mit eigner Wort-Untat.

Not-
Aggregat

„Höchste Hoheit Frau Giraffe,
wenn ich es freihändig schaffe,
so gelenkig wie ein Affe,
Eiterherde zu sanieren
und die Zange einzuführen,
um den wehen Zahn zu fassen,
dann kann Hoheits Schmerz nachlassen.
Tierisch riesig Ihr Malör!
Stillgestanden - bitte sehr!

HIER RUHT
MEIN TREUER
BACKENZAHN
ER FUHRTE EIN
URLAUBLOSES
LEBEN UND
STARB EINES
QUALVOLLEN
TODES, DER
MICH SEHR
ERSCHUTTERTE
NIE WAR ICH
ALLEIN, IMMER
SPURTE ICH
DICH
IN ERINNERUNG
AN DEN
PRAEMOLAREN
UNTEN LINKS

Herrn Schmachtling, den zwei Zähne plagten,
ihm herzlos die Geduld zernagten,
gelang es, ihnen zu entfliehen:
Er ließ die Bösewichter ziehen.

Mit Schaudern denkt er dran zurück,
sonnt sich im „Adieu“, voll Glück.

Absonderliches wühlt und gärt,
ist man nicht richtig aufgeklärt

Manch Zahnarzt fragt sich in der Stille:
„Ist so ein Schreckberuf mein Wille?“

AU! Ich glaub,
mich tritt ein Pferd!

Ist weit und breit kein Arzt zu finden –
muss man sich ohne tierisch schinden:
Wie diese beiden, die sich mühen,
vereint im Schmerz und im Zahnziehen,
um mit Leibeskraft die Schmerzen
bis zur Wurzel auszumerzen,
voll Hoffnung auf Erfolg und Frieden -
trotz des Dilemmas, dass hinieden
PS und HS grundverschieden.

Rauchen riecht nicht angenehm
und schwächt das Immun-System.
Wieso rauchen wir trotzdem?
Einen Reim darauf gibt es nicht.

Wird so die gute Luft verbraucht,
leidet wütend, wer nicht raucht:
Wie bei diesem Doktorpärchen,
das sich aushielt manches Jährchen.
Die Zahnarzt-Zangen-Blitzattacke,
gut getarnt, in Richtung Backe
hilft ihm, Atemnot-Beschwerden
für ein Weilchen loszuwerden.

Der Eckzahn ist es, der so weh tut. Nicht zu fassen das Luder, so glitschig!

Wer Hilfe ablehnt, sich geniert,
wird mit Problemen konfrontiert,
sogar ein Tier vom Range
einer Riesenschlange.

Burn out entsteht durch diese Haltung.
Sie nützt den Chefs und der Verwaltung.

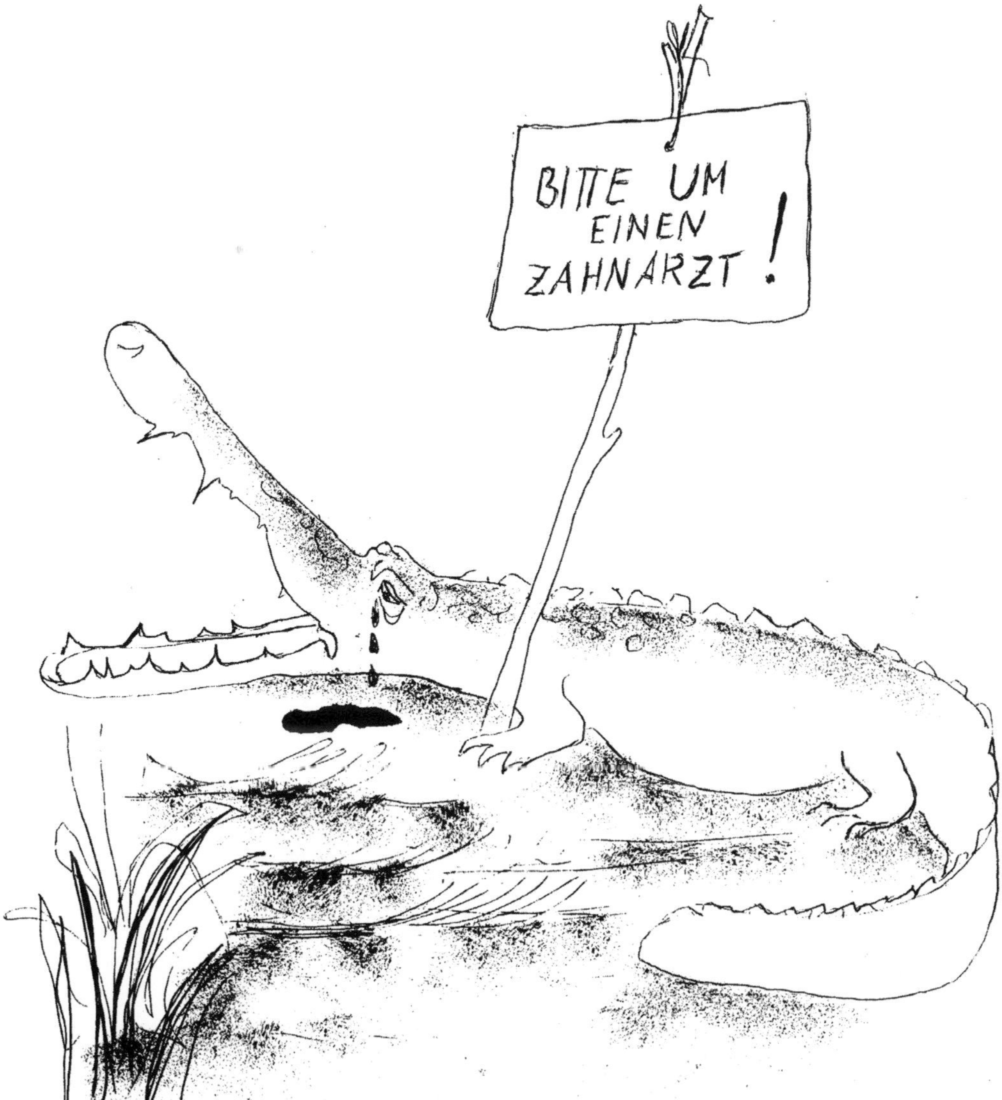
BITTE UM
EINEN
ZAHNARZT!

Das Krokodil, vor Schmerz fast lahm,
wirkt auf den Arzt beruhigend zahm.
Hilfreich riskiert er die Gefahr
und heilt ganz ohne Honorar
die Schreckgestalt im Mobiliar.

So ein Schlamassel!
DRK Madokill Notarzt

Die Wunde kann nur gut verheilen,
wenn sich Hygiene-Teams beeilen,
die Maul-Insekten aufzufressen,
für diese Teams Delikatessen.

Hätt ich doch
mein Gebiss mitgenommen
Hätt ich doch
meine Zähne noch!

Und beide sehn sich an, entschlossen,
wissen nicht: Sie sind Genossen
in dem Leid, das sie verbände,
wenn Kommunikation stattfände.

Er sagt, er demoliert die Stadt, wenn wir ihn nicht von seinen Zahnschmerzen befreien!

Wenn jemand durch ein Monster stirbt,
tut er das sehr deprimiert.

Alle fliehen, viele beten -
wildes Aufeinandertreten -
pausenlos heult die Sirene –
Häuserwände werden Späne.

Nur Helden wagen sich auf Kräne
und behandeln Monsterzähne
mit Zange, Bohrer und Hygiene.

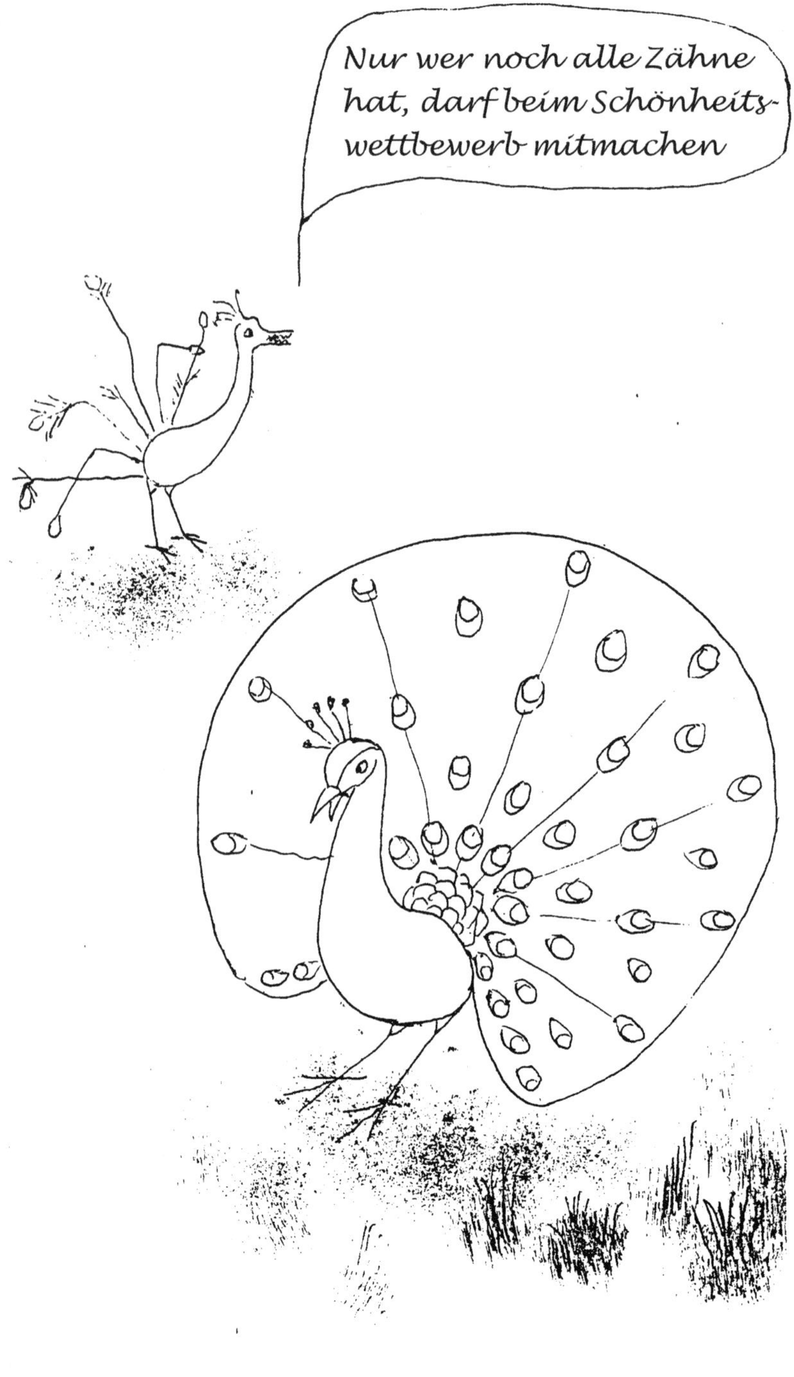

Sehr Eitle wolln so gern gewinnen,
dass sie beginnen,
krassfies zu spinnen.

Wer seine Backe kühlen muss,
der will nicht jetzt den ersten Kuss.

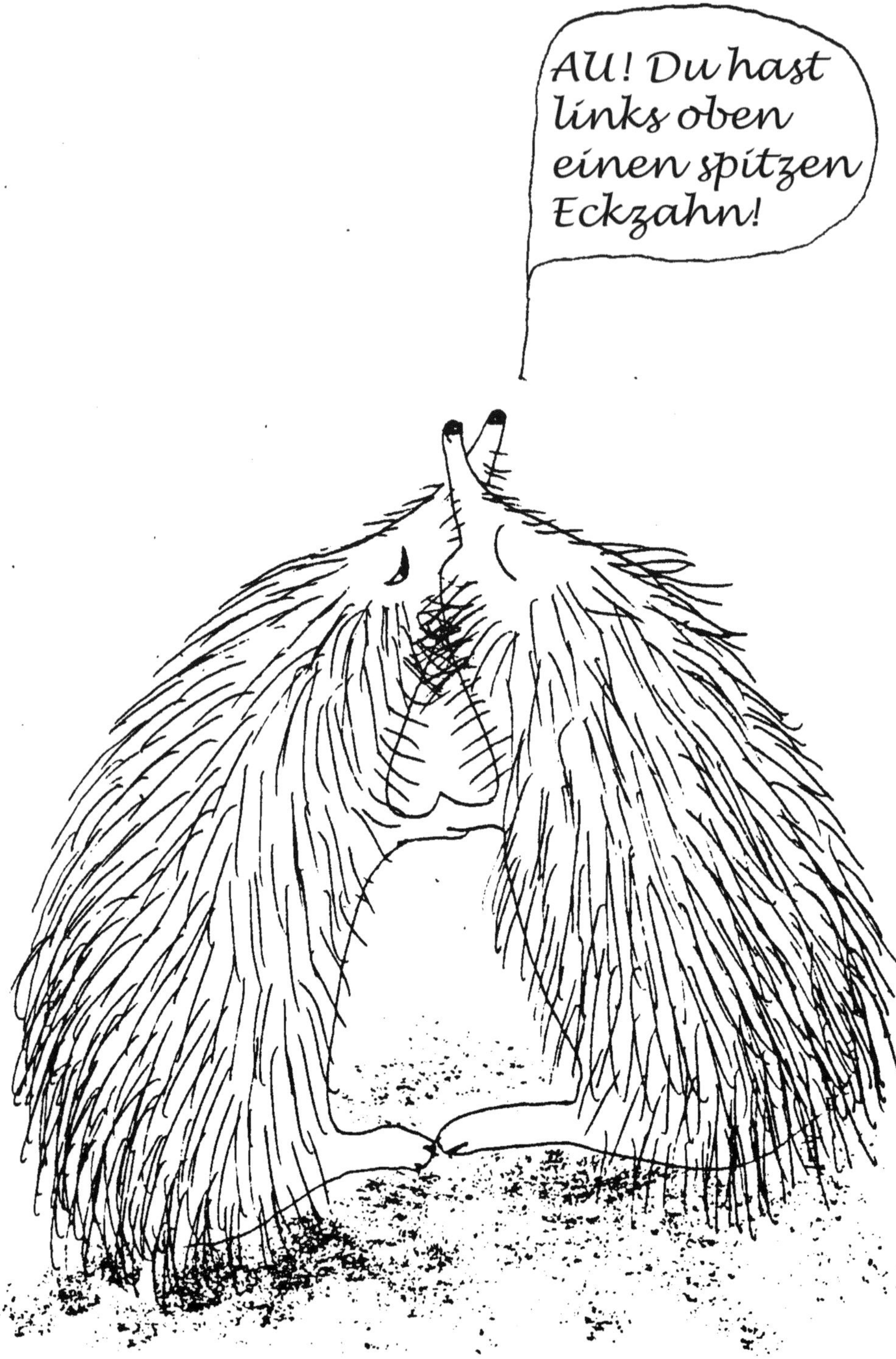
AU! Du hast links oben einen spitzen Eckzahn!

Störend sind beim Küssen, Herzen,
nicht die Stachel-Piekser-Schmerzen –
die sind Igel längst gewohnt.

Was der Igel noch nicht kennt,
bremst jedoch sein Temperament
irritierend vehement:
Sein Geherze stagniert,
was die Iglin pikiert;
während er sublimiert
und ins Himmelsblau stiert,
kultiviert schikaniert,
über Zeitnot parliert,
so sein Flüchten kaschiert,
mit Bedauern frisiert,
eminent eloquent,
kompetent renitent
und latent turbulent,

Doch sie hofft –
oft - so oft -
toleränt,
und charmänt -
aber nicht permanent:

Fehlt das Wohlfühlelement
weiterhin so kohärent,
ist sie schließlich doch pikiert
und am Ende entliiert.

Damit er sich friedlich trennt,
kriegt er ihr vorletztes Hemd.
Und sie reist dann- unbändig frei -
nach Rom, Shanghai und Himalaj.

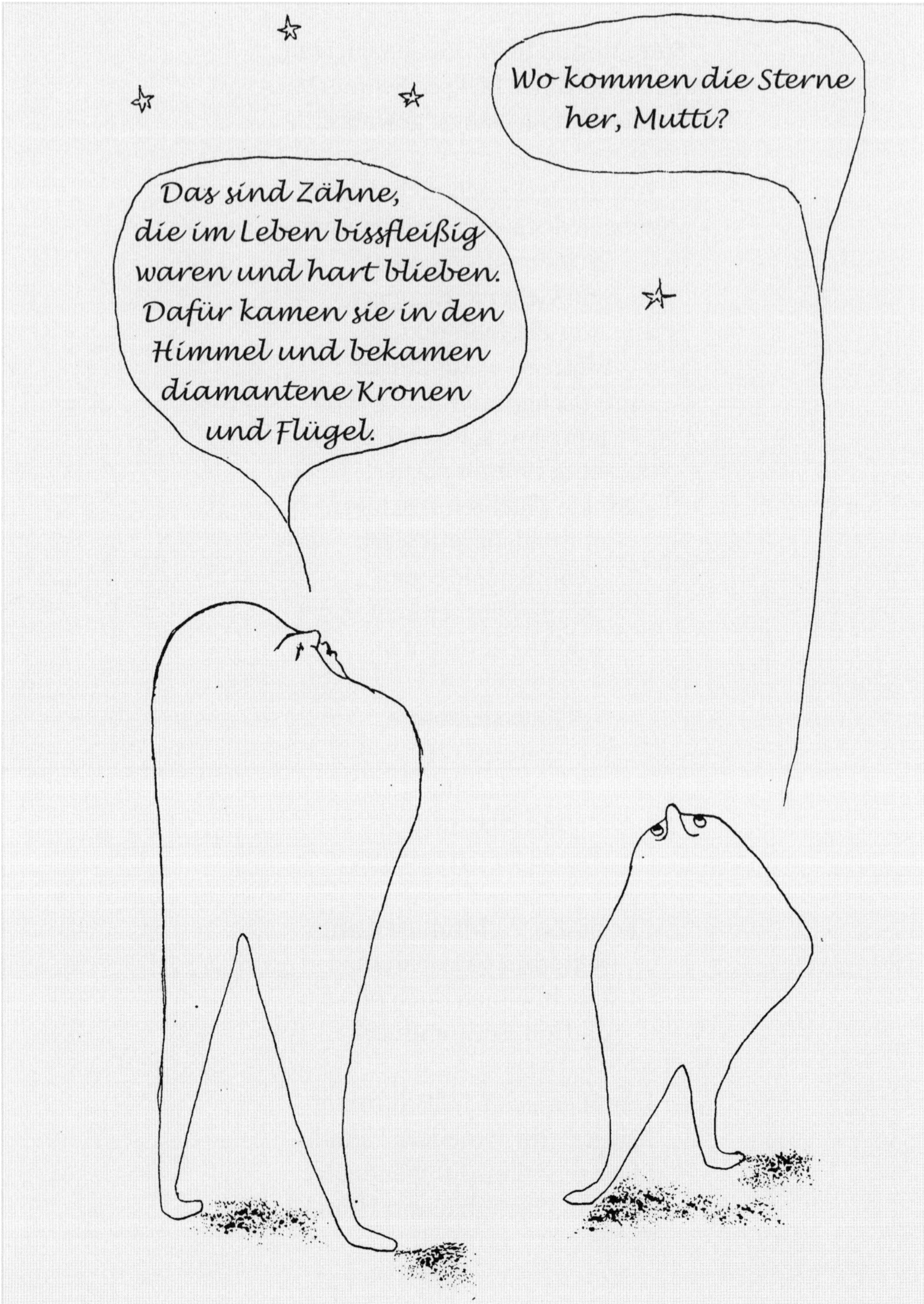
Wo kommen die Sterne her, Mutti?
Das sind Zähne, die im Leben bissfleißig waren und hart blieben. Dafür kamen sie in den Himmel und bekamen diamantene Kronen und Flügel.

Wer lebt, der fragt: „Wie, was, warum?"
Wissen wollen ist nicht dumm.
Dumme Antworten gibt's aber,
voll Gewaber
und Gelaber
der Rechthaber,
oft makaber.

Alle - Kinder, Eltern, Tanten,
Oma, Opa, die Verwandten,
die Geschwister, die Bekannten,
Freunde, Nachbarn und Passanten,
die Erzieher, die Beamten,
Sänger, Lehrer, Komödianten,
Dicke, Dünne, Querulanten,
Scheue und die Fulminanten,
die Brisanten, die Charmanten,
die markanten Eleganten,
die Galanten , die Pedanten,
die rasanten Amüsanten,
die Berühmten, die Verkannten,
Wichtigtuer, Intriganten,
Praktikanten, Musikanten,
Maler, Radler, Gouvernanten,
Polizisten, Demonstranten,
Straßenfeger, Lieferanten,
Taxifahrer, Spekulanten,
Kellner, Ärzte, Intendanten,
Krankenschwestern, Emigranten
Sportler, Trommler, Dilettanten,
Händler, Diebe, Fabrikanten –
Köche, Pfarrer und die Quanten -

alle lieben Elefanten.

.

Doch alle Elefanten klagen:
„Weil wir mit Elfenbein-Kraft nagen,
schafft uns der Tod ab, im Akkord!
Man schlachtet uns in Süd und Nord,
in Ost und West und immerfort
und verkauft fast täglich Kähne
voller Elefantenzähne."

Wenn so ein Riese Zahnweh hat,
steht jeder Doktor gern parat,
plagt sich besonders akkurat.

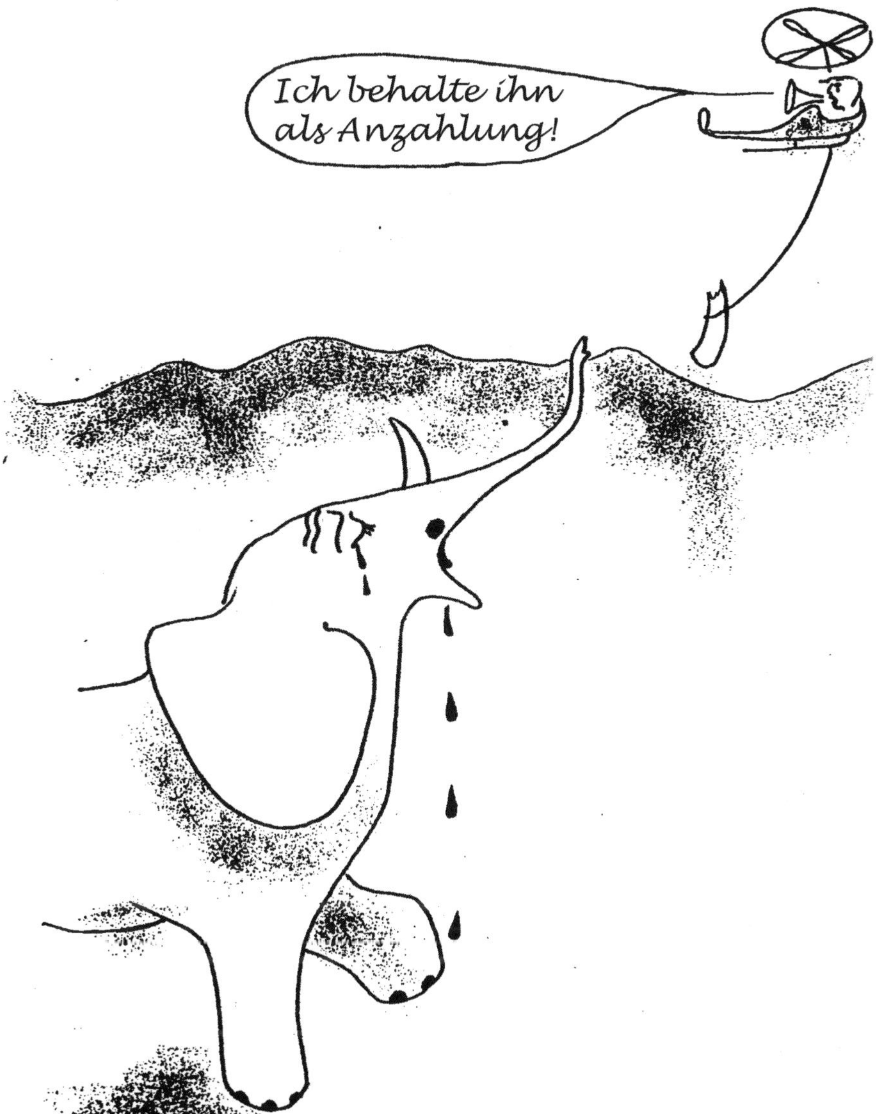

Stolz kommt er angeflogen,
flugs wird der Zahn gezogen.

Gut kühlen!

Zum Kühlen reicht dem Schwan
das Eis am Flugzeug-Flügel;

dem Elefanten nur:
ein ganzer Eisberg-Hügel.

Diese sonst so kluge Stirn
hat heut nur wirres Zeug im Hirn.

Haust in dieser Eule
bloß ein Hirn mit Beule?
Oder schon Geistesfäule
und aasig legt der Vogel
ein Windei aus Gemogel?

Im Elfenbeinturm

Ganz ohne Elefantenmord
türmt sich hier, Wort um Wort,
elfenfein
das Elfenbein
zu einem facebooklosen Ort.

Ich liebe Dich, verlass mich nie!
Ich bleibe neben Dir bis an mein Lebensende

Diese Zartheit harter Zähne
rührt den Sapiens zur Träne.
Stolz und zweifelnd fragen wir:
„Sowas Edles steckt in mir?“

Und in uns keimt sacht ein Wissen,
steigt empor bei jedem Bissen:
welch Empfindsamkeit und Kraft
uns durchpulst, mit Leidenschaft.

Sprießt dann im Maiwind der Holunder,
erblühn Unkraut- und Blumenwunder,
fühln wir uns noch kunterbunter.

Doch je - manch Seelchen ist verreckt,
eh es den eignen Charme entdeckt,
war verschreckt sich selbst suspekt,
atmete nur imperfekt -
für Misanthropen ein Konfekt!

Erst wenn Du Pfötchengeben gelernt hast, darfst Du zum Zahnarzt!

Noch immer gibt es solche Drachen.
Da hat, wer Schmerz spürt, nichts zu lachen.

Bleibt solches Leid inkognito,
dann hilft keiner – nirgendwo!
Spürt so ein Opferlamm Blamage,
quält sich selbst mit Mundbandage,
hilft es der Plagegeist-Bagage,
erspart ihr die Karambolage
und lässt ihr die Belletage.

Ein Löwe weint nicht! Auch nicht als Baby!
AU! Mein Zahn!

Auch Väter sind nicht immer fair
und temporär nicht familiär;
oft primär autoritär
und sehr verquer pekuniär.

Für Kinder ist das meist prekär,
für ihren Geist parasitär,
ihr Schmerz wird unerträglichär.
Manche sind sodann vulgär,
ordinär defizitär
und partikulär konträr.

Und der sonst kluge Maus-Professor
weiß es manchmal auch nicht besser.

...Zahn um Zahn

Auge um Auge...

Mancher muss es erst entdecken:
Auch Ärzte kann man noch erschrecken.

Du nimmst den schmerzenden Zahn einfach in die Pfote und ziehst!

Nicht jedes Tierchen hat erkannt:
Ein Huf ist Huf, ist keine Hand.

Die Gottheit, die den Huf
erschuf,
hatte andre große Pläne,
schuf ihn nicht zum Ziehn der Zähne.
Wer es trotzdem ausprobiert,
ist, wenn's doch klappt, irritiert.

Wenn sie mich frisst, habe ich keine Zahn-schmerzen mehr!

Dies Mäuschen ist kein Bärentöter,
jedoch zur Zeit ein Schwerenöter.
Es bräuchte, neben Pharmazie,
Zahnarzt- und Psycho-Therapie.

Hast Du auch Zahnweh?

Wer liebt, der hat, wenn's klappt, viel Kraft,
dies Küken zeigt das meisterhaft:
Gutherzig und voll Mitgefühl
erkennt es Not im Müllgewühl:
„Hast du Zahnweh, liebe Säge?
Wie ich sehe, ist die Pflege
deiner Zähne gar nicht gut.
Fehlt dir Mut,
dich zu einem Arzt zu wagen?
Oder sind es Geld-Zwangslagen?
Zahncrem kann ich dir besorgen,
meine Bürste bloß verborgen."

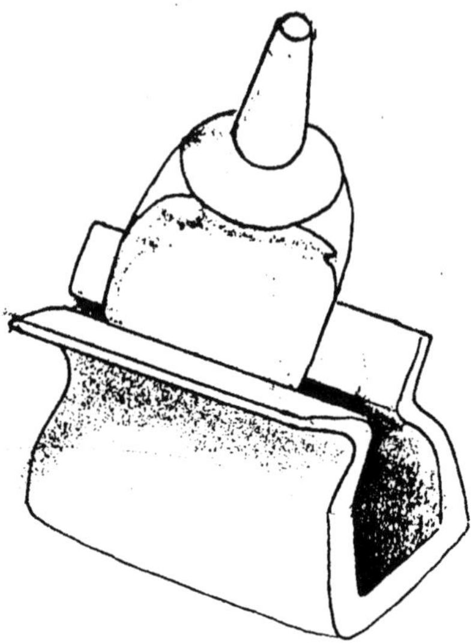

Jetzt kommt ein Gebüsch, ihr könnt pinkeln gehen!

Klein sein ist nicht angenehm,
aber manchmal sehr bequem.
Jeder Müll und jeder Eimer
nützt dann auf dem Weg nach Weimar.

Im Gras ist dann der Aufenthalt
wie in einem großen Wald.
Schon ein Halm verdeckt im Nu
ein verbotnes Rendezvous.
Büsche sind dann groß wie Kräne,
Pfützen werden Ozeäne.

Doch Kleine werden oft gefressen –
den Großen schwillt der Bauch indessen.
Die Kleinen sind jedoch oft schlauer - ,
denn Gucken lernen sie genauer;
sie hörn und schmieden gern Kalauer
als gutes Heilkraut gegen Trauer,
Dünger für innre Flower-Power.

Zur Belohnung darfst Du auf dem Kätzchen reiten

Lausig fühlt sich, wer was schenkt,
das den Adressaten kränkt:
trostlos jener, der entdeckt,
dass ihn Mamas Lohn erschreckt.

Sogar in den Zähnen hat es Vorratswasser!

Vom Kamele kann man lernen:
Voll Geduld und voll Zisternen
ist dies treue „Schiff der Wüste",
das jeder gut behandeln müsste.
Hat es Wasser nachgefüllt,
spürt es, wie sein Körper quillt,
erträgt dann bis zur Oase
eine wasserlose Phase.

Dies Tier, der Wüste guten Geist,
so zu verletzen ist sehr dreist.
Diese rohen Zähnestehler,
solch besonders grobe Quäler,
werden in der Hölle schmoren,
zähneknirschend und verloren,
bleich, mit feuerroten Ohren.

Sei froh, dass Du keine Zähne hast!

Die Rose, die gar nichts vermisst,
weiß göttlich, wie man zahnlos isst.

Im Alter von 5 Jahren wollte ich Sängerin werden. Als man mir klarmachte, ich sei unmusikalisch, beschloss ich, wie mein mir damals unbekannter Vater, zu schriftstellern.
Prosa und Gedichte in der ersten Klasse führten allerdings zu Ablehnung in meiner ganzen Verwandtschaft: Diese brotlose Kunst solle ich lassen.
So lernte ich einen Beruf im Gesundheitsbereich und halte jetzt Ausschau nach meinen Anfängen.
Die Zeichnungen und den Inhalt der Sprechblasen habe ich mir in Zahnweh-Nächten ausgedacht, zur Ergänzung später die Verse.